Die Deutsche Bibliothek – CIP-Einheitsaufnahme

Die Bienenkönigin : ein Märchen der Brüder Grimm /
[SBS, Schweizerische Bibliothek für Blinde und Sehbehinderte].
Ill. von Jürg Obrist. – Zürich : SBS, 1999.
ISBN 3-9521368-4-0 Gb.
ISBN 3-9521368-5-9 brosch.

Satz: Erich Gülland, Dielsdorf / Lithos: Photolitho AG, Gossau ZH
Druck: Proost N. V., Turnhout / Gasser Print AG, Chur

ISBN 3-9521368-4-0 (gebunden)
ISBN 3-9521368-5-9 (broschiert)

Der Text folgt den *Kinder- und Hausmärchen, gesammelt durch die Brüder Grimm*
(vollständige, textgetreue Ausgabe), herausgegeben und mit einem Nachwort versehen
von Carl Helbling, Manesse Verlag, Zürich

Die Bienenkönigin

Ein Märchen der Brüder Grimm
Illustriert von Jürg Obrist

Zwei Königssöhne gingen einmal auf Abenteuer und gerieten in ein wildes, wüstes Leben, so dass sie gar nicht wieder nach Haus kamen. Der jüngste, welcher der Dummling hiess, machte sich auf und suchte seine Brüder: aber wie er sie endlich fand, verspotteten sie ihn, dass er mit seiner Einfalt sich durch die Welt schlagen wollte, und sie zwei könnten nicht durchkommen und wären doch viel klüger.

Sie zogen alle drei miteinander fort und kamen an einen Ameisenhaufen. Die zwei ältesten wollten ihn aufwühlen und sehen, wie die kleinen Ameisen in der Angst herumkröchen und ihre Eier forttrügen, aber der Dummling sagte: «Lasst die Tiere in Frieden, ich leid's nicht, dass ihr sie stört.»

Da gingen sie weiter und kamen an einen See, auf dem schwammen viele viele Enten. Die zwei Brüder wollten ein paar fangen und braten, aber der Dummling liess es nicht zu und sprach: «Lasst die Tiere in Frieden, ich leid's nicht, dass ihr sie tötet.» Endlich kamen sie an ein Bienennest, darin war so viel Honig, dass er am Stamm herunterlief. Die zwei wollten Feuer unter den Baum legen und die Bienen ersticken, damit sie den Honig wegnehmen könnten. Der Dummling hielt sie aber wieder ab und sprach: «Lasst die Tiere in Frieden, ich leid's nicht, dass ihr sie verbrennt.»

Endlich kamen die drei Brüder in ein Schloss, wo in den Ställen lauter steinerne Pferde standen, auch war kein Mensch zu sehen, und sie gingen durch alle Säle, bis sie vor eine Tür ganz am Ende kamen, davor hingen drei Schlösser; es war aber mitten in der Türe ein Lädlein, dadurch konnte man in die Stube sehen.

Da sahen sie ein graues Männchen, das an einem Tisch sass. Sie riefen es an, einmal, zweimal, aber es hörte nicht: endlich riefen sie zum drittenmal, da stand es auf, öffnete die Schlösser und kam heraus. Es sprach aber kein Wort, sondern führte sie zu einem reichbesetzten Tisch; und als sie gegessen und getrunken hatten, brachte es einen jeglichen in sein eigenes Schlafgemach.

Am andern Morgen kam das graue Männchen zu dem ältesten, winkte und leitete ihn zu einer steinernen Tafel, darauf standen drei Aufgaben geschrieben, wodurch das Schloss erlöst werden könnte. Die erste war: in dem Wald unter dem Moos lagen die Perlen der Königstochter, tausend an der Zahl, die mussten aufgesucht werden, und wenn vor Sonnenuntergang noch eine einzige fehlte, so ward der, welcher gesucht hatte, zu Stein.

Der älteste ging hin und suchte den ganzen Tag, als aber der Tag zu Ende war, hatte er erst hundert gefunden; es geschah, wie auf der Tafel stand, er ward in Stein verwandelt. Am folgenden Tag unternahm der zweite Bruder das Abenteuer: es ging ihm aber nicht viel besser als dem ältesten, er fand nicht mehr als zweihundert Perlen und ward zu Stein.

Endlich kam auch an den Dummling die Reihe, der suchte im Moos, es war aber so schwer, die Perlen zu finden, und ging so langsam. Da setzte er sich auf einen Stein und weinte. Und wie er so sass, kam der Ameisenkönig, dem er einmal das Leben erhalten hatte, mit fünftausend Ameisen, und es währte gar nicht lange, so hatten die kleinen Tiere die Perlen miteinander gefunden und auf einen Haufen getragen.

Die zweite Aufgabe aber war, den Schlüssel zu der Schlafkammer der Königstochter aus der See zu holen. Wie der Dummling zur See kam, schwammen die Enten, die er einmal gerettet hatte, heran, tauchten unter und holten den Schlüssel aus der Tiefe.

Die dritte Aufgabe aber war die schwerste, aus den drei schlafenden Töchtern des Königs sollte die jüngste und die liebste herausgesucht werden. Sie glichen sich aber vollkommen und waren durch nichts verschieden, als dass sie, bevor sie eingeschlafen waren, verschiedene Süssigkeiten gegessen hatten, die älteste ein Stück Zucker, die zweite ein wenig Sirup, die jüngste einen Löffel voll Honig. Da kam die Bienenkönigin von den Bienen, die der Dummling vor dem Feuer geschützt hatte, und versuchte den Mund von allen dreien; zuletzt blieb sie auf dem Mund sitzen, der Honig gegessen hatte, und so erkannte der Königssohn die rechte.

Da war der Zauber vorbei, alles war aus dem Schlaf erlöst, und wer von Stein war, erhielt seine menschliche Gestalt wieder. Und der Dummling vermählte sich mit der jüngsten und liebsten und ward König nach ihres Vaters Tod; seine zwei Brüder aber erhielten die beiden andern Schwestern.

Die vorliegende Ausgabe des Märchens «Die Bienenkönigin» ist die 40. in der von der *Schweizerischen Bibliothek für Blinde und Sehbehinderte* (SBS) herausgegebenen Reihe illustrierter Grimm-Märchen. In derselben Reihe sind seit 1960 erschienen:

Die sieben Raben*
Illustriert von Ernst Cincera

Der Froschkönig*
Illustriert von Ernst Cincera

Aschenbrödel*
Illustriert von Ernst Cincera

Schneewittchen*
Illustriert von Ernst Cincera

Der Wolf und die sieben jungen Geisslein*
Illustriert von Ernst Cincera

Die Bremer Stadtmusikanten*
Illustriert von Ernst Cincera

Rotkäppchen*
Illustriert von Peter Lüthi

Der gestiefelte Kater*
Illustriert von Moritz Kennel

Dornröschen*
Illustriert von Moritz Kennel

Frau Holle*
Illustriert von Moritz Kennel

Hans im Glück*
Illustriert von Moritz Kennel

König Drosselbart*
Illustriert von Moritz Kennel

Das tapfere Schneiderlein*
Illustriert von Moritz Kennel

Rapunzel*
Illustriert von Moritz Kennel

Die goldene Gans*
Illustriert von Moritz Kennel

Tischlein deck dich*
Illustriert von Maurice Kenelski

Die Gänsemagd*
Illustriert von Maurice Kenelski

Schneeweisschen und Rosenrot*
Illustriert von Maurice Kenelski

Die zertanzten Schuhe*
Illustriert von Paul Nussbaumer

Das Eselein*
Illustriert von Paul Nussbaumer

Der Arme und der Reiche*
Illustriert von Jacques Schedler

Die drei Federn*
Illustriert von Jacques Schedler

Die kluge Bauerntochter*
Illustriert von Jacques Schedler

Der Teufel mit den drei goldenen Haaren
Illustriert von Jacques Schedler

Der goldene Vogel
Illustriert von Monica Rüdlinger

Die drei Männlein im Walde*
Illustriert von Jürg Obrist

Die weisse Schlange*
Illustriert von Jürg Obrist

Daumesdick
Illustriert von Jürg Obrist

Das Lumpengesindel
Illustriert von Jürg Obrist

Die drei Spinnerinnen
Illustriert von Jürg Obrist

Das Bürle
Illustriert von Jürg Obrist

Der alte Sultan
Illustriert von Jürg Obrist

Die vier kunstreichen Brüder
Illustriert von Jürg Obrist

Hänsel und Gretel
Illustriert von Jürg Obrist

Das Wasser des Lebens
Illustriert von Jürg Obrist

Sechse kommen durch die ganze Welt
Illustriert von Jürg Obrist

Katze und Maus in Gesellschaft
Illustriert von Jürg Obrist

Vom klugen Schneiderlein
Illustriert von Jürg Obrist

Rumpelstilzchen
Illustriert von Jürg Obrist

Die mit einem * versehenen Titel sind leider vergriffen. Die übrigen können, solange der Vorrat reicht, zum Preise von Fr. 12.– (inkl. Porto und MWSt.) bei der Schweizerischen Bibliothek für Blinde und Sehbehinderte (Albisriederstrasse 399, Postfach, 8047 Zürich, Telefon 01/491 25 55) weiterhin bezogen werden.